Judith Kern & Cordula Redmann

Ich lerne REITEN

Vom Ausmisten bis zum ersten Ausritt

KOSMOS

Dein Putzzeug

Liebe Pferdefreundin und lieber Pferdefreund,
diesem Buch liegen ein paar sehr nützliche Dinge bei, die du unbedingt brauchst, wenn du deinen Traum wahr machst und reiten lernst! Dazu gehört nämlich auch, dass du das Pferd, auf dem du reiten darfst, gut pflegst. Natürlich kannst du das sogenannte Putzzeug im Pferdestall auch ausleihen – aber es ist doch viel schöner, wenn du dein eigenes dabeihast! Am besten schreibst du gleich mit einem wasserfesten Stift deinen Namen drauf.

Den Hufkratzer brauchst du, um eingetretenen Schmutz aus den Hufen deines Pferdes zu entfernen. Wie das geht, erfährst du auf S. 25.

Mit diesem Gummistriegel entfernst du groben Schmutz aus dem Fell deines Pferdes. Worauf du dabei achten musst, steht auf S. 22.

Mach was draus!

Deine Tasche kannst du so verzieren, dass sie unverwechselbar ist! Du kannst sie zum Beispiel mit Batikfarbe einfärben, mit Stoffmalstiften beschriften, mit einem Pinsel bemalen oder mit Stempeln bedrucken – zum Beispiel aus Kartoffeln. Dafür schneidest du einfach eine Kartoffel durch und schnitzt in die glatte Fläche deine Form. Oder nimm doch einen Apfel! Das sieht toll aus und macht aus einem langweiligen Beutel eine süße Apfeltasche!

Süße Apfeltasche

Dazu brauchst du:

1 kleinen Apfel
Messer
Pinsel
flüssige Stoffmalfarbe
ein Stück Pappe
ein Bügeleisen

So geht's:

1. Lege die Pappe in den Beutel, damit die Farbe nicht durchdrückt. Schneide den Apfel von oben nach unten durch, sodass auf einer Seite gerade noch der Stiel dran ist.

2. Pinsele eine Hälfte dünn mit Stoffmalfarbe ein und drücke sie fest auf die Tasche. Nimm für die andere Apfelhälfte eine zweite Farbe.

3. Lasse die Farbe trocknen und fixiere sie, indem du die Tasche wendest und von der Innenseite bügelst.

In diesem praktischen Beutel kannst du dein Putzzeug gut verstauen und transportieren.

Inhaltsverzeichnis

Ausmisten und Pferdepflege gehören auch dazu!

Ganz schön hoch! Zum Glück gibt es Tricks ...

Vielleicht kannst du auch bald Slalom um die Bäume?

Hallo, Pferdefreund!

Hallo, ich heiße Judith und bin Reitlehrerin.

Weißt du, für mich sind Pferde einfach die wundervollsten und liebsten Tiere. Geht es dir auch so? Dann komm mit! Ich zeige dir, wie man ein Pferd putzt und füttert. Oder wie man es führt und richtig anbindet. Und natürlich werde ich dir auch erklären, wie man reitet. Am wichtigsten ist aber, dass du dein Pferd verstehst. Denn nur so könnt ihr die besten Freunde werden!

Ich wünsche dir nun ganz viel Spaß beim Lesen und freue mich schon riesig auf einen neuen wundervollen Pferdefreund.

Deine Judith

Kennst du den Spruch: „Alles Glück der Erde liegt auf dem Rücken der Pferde"? Er stimmt!

Der Pferdekörper

Als Erstes zeige ich dir hier alle wichtigen ***Körperteile*** eines Pferdes. Einige wie die ***Mähne*** kennst du sicher schon. Aber weißt du zum Beispiel, wo beim Pferd ***Knie*** und ***Ellbogen*** sitzen? Oder was ***Ganaschen*** sind?

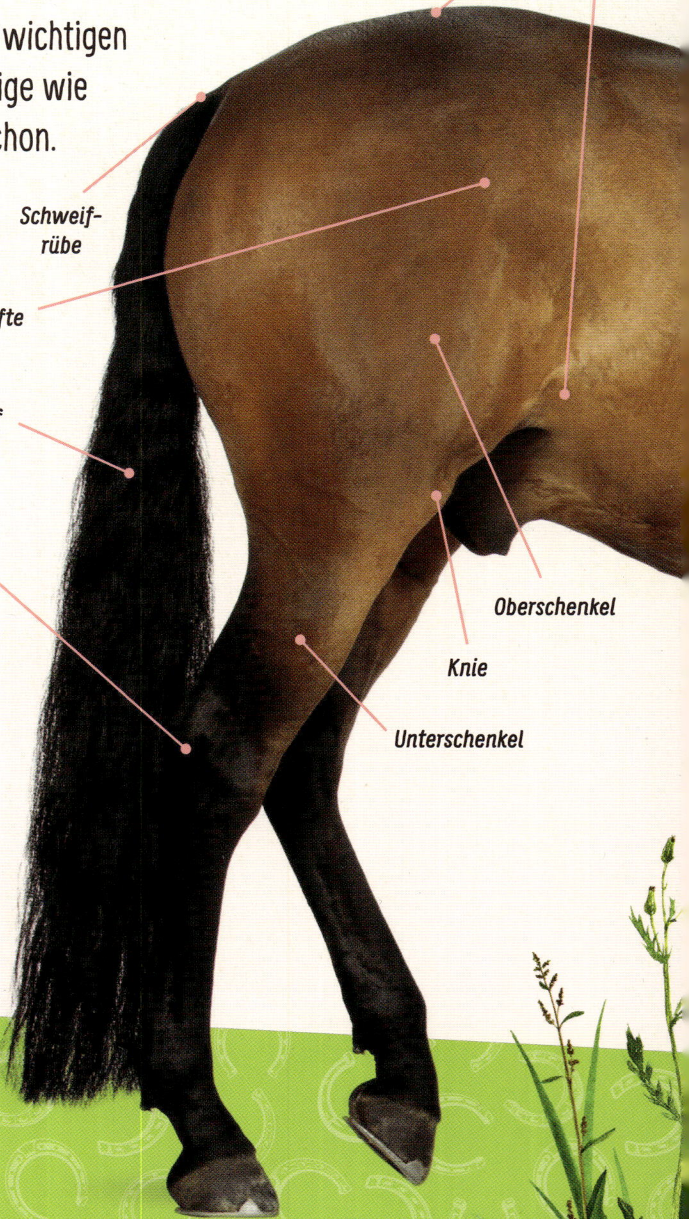

Einzigartig: Die Kastanien sind Verhornungen auf den Innenseiten der Beine über den Sprung- und Karpalgelenken.

Die Pferdegröße

Am ***Widerrist*** eines Pferdes misst man seine Größe. Du erkennst ihn besonders gut, wenn das Pferd beim Grasen seinen Kopf senkt. Es ist seine höchste Stelle am Übergang vom Hals zum Rücken. Die Höhe vom Boden bis zum Widerrist nennt man auch ***Stockmaß***.

Familie Pferd

Zu Familie Pferd gehört natürlich das Pferdekind, das man ***Fohlen*** nennt. Seine Mutter, also die Pferdefrau, heißt ***Stute***. Ein ***Hengst*** ist ein männliches Pferd, das Fohlen zeugen kann. Kastriert man einen Hengst, sodass er nicht mehr Vater werden kann, wird er ***Wallach*** genannt. Eine Pferdefamilie besteht aber nicht aus Vater, Mutter und Kind, sondern aus einem ***Leithengst***, mehreren Stuten und ihren Kindern. Denn Pferde leben in der Natur in Herden.

Hier ist eine Warmblutstute mit ihrem Fohlen unterwegs.

Hat ein Kaltblüter kaltes Blut?

Jack ist ein besonders großer Kaltblüter.

Wusstest du, dass es ***Kaltblut***- und ***Warmblutpferde*** gibt? Das hat aber nichts mit der Körpertemperatur zu tun – ein Kaltblüter hat genauso warmes Blut wie ein Warmblüter.

Kaltblutpferde haben aber ein anderes Temperament: Sie bewegen sich lieber ***langsam*** und ***gemächlich***, sind ***geduldig*** und lassen sich selten aus der Ruhe bringen. Gleichzeitig sind sie sehr ***groß und stark*** und können sogar schwere Kutschen ziehen.

Warmblüter bewegen sich ***viel schneller*** und sind ***wendiger***, deshalb kann man gut auf ihnen reiten, wenn man schon etwas Übung hat.

Und dann sind da noch die ***Ponys***. Sie sind etwas kleiner als Warmblutpferde, manche können dir aber trotzdem ganz schön groß vorkommen! Ponys sind ***freundlich***, schlau und genügsam, manchmal aber auch ***etwas dickköpfig***.

Natürlich hat jedes Pferd und jedes Pony seinen ***ganz eigenen Charakter*** – genau wie wir Menschen. Deshalb ist es wichtig, dass du deinen neuen Freund gut kennenlernst.

Unser Valli ist auch ein ***Kaltblüter***. Weil er so ***gutmütig*** und geduldig ist, ist er genau der Richtige, wenn du noch etwas unsicher im Umgang mit Pferden bist.

Pferd oder Pony?

Kennst du den Unterschied zwischen einem Pferd und einem Pony? Ein ausgewachsenes Pony ist kleiner als ***148 cm***, ein ausgewachsenes Pferd größer.

Jedes Pferd ist anders

Wusstest du, dass es bei Pferden und Ponys verschiedene ***Rassen*** gibt? Das bedeutet, dass Pferde aus unterschiedlichen Gebieten oder Ländern stammen. Aber nicht nur jede Rasse hat ihren eigenen Namen – auch jede ***Fellfarbe***.

1. Der große Jack gehört zur Rasse ***Shire Horse***. Er ist komplett schwarz – bis auf die ***Blesse*** und die ***Abzeichen*** an den Beinen. Ein schwarzes Pferd heißt ***Rappe***.

2. Charly ist ein ***Connemara-Pony***. Seine Farbe heißt ***Falbe***: sandfarbenes Fell und dunkles Langhaar.

3. Tudel ist ein ***Shetlandpony***. Ihr Fell ist braun, Mähne und Schweif sind schwarz. Sie ist ein ***Brauner***.

5. Guildos Rasse heißt ***Tinker***. Er ist ein ***Schecke***. Schecken haben dunkle Flecken im weißen Fell.

4. Staccato ist ein ***Haflinger***. Seine Rasse erkennst du am braunen Fell und dem hellen Langhaar. Diese Kombination heißt ***Lichtfuchs***. Normale ***Füchse*** sind vom Schweif bis zur Mähne rotbraun.

Abzeichen

Manche Pferde haben ***weiße Fellstellen*** am Kopf oder an den Beinen. Das nennt man ***Abzeichen***. Einige Kopfabzeichen kommen so häufig vor, dass sie spezielle Namen haben, zum Beispiel ***Blesse***, ***Stern*** oder ***Schnippe***.

6. Schneewittcher ist ein ***Islandpony.*** Ihr Fell ist ganz weiß, sie ist ein ***Schimmel***.

Bastele doch aus einem Notizbuch ein tolles Pferdefreundschaftsbuch! Darin kannst du alle Eigenschaften deiner Lieblingspferde festhalten und Fotos dazukleben.

Name:

GUILDO

Alter:	8 Jahre
Geschlecht:	Wallach
Größe:	Pferd
Rasse:	Tinker
Farbe:	Schecke
Abzeichen:	Blesse
Hobbys:	Spielen mit Tudel

Name:

TUDEL

Alter:	5 Jahre
Geschlecht:	Stute
Größe:	Pony
Rasse:	Shetlandpony
Farbe:	Brauner
Abzeichen:	keins
Hobbys:	Guildo ärgern

Die Pferdesprache

Pferde können nicht sprechen, aber sie drücken ihre Gefühle mit dem Körper aus – so wie du am Ausdruck deiner Freunde erkennst, wie es ihnen geht. Dein Pferd wird dir immer ehrlich zeigen, was es fühlt. Wenn du die ***Pferdesprache*** lernst, kannst du dein Pferd verstehen und richtig mit ihm umgehen.

Bei einem ***entspannten*** Pferd ist der Hinterhuf entlastet. Die Augen können halb geschlossen sein oder die Unterlippe kann herabhängen. Manchmal kippen auch die Ohren zur Seite.

Ein ***glückliches*** Pferd hat seine Ohren gespitzt oder große und glänzende Augen.

Ist dein Pferd ***unzufrieden***, kann es mit dem Vorderhuf aufstampfen oder mit seinem Schweif schlagen. Liegen die Ohren ganz flach am Kopf an, musst du aufpassen: Dann kann es beißen oder ausschlagen!

Ist dein Pferd ***aufgeregt***, trägt es seinen Kopf ganz hoch. Es kann dann seine Schweifrübe hochstellen und sein ganzer Körper ist angespannt.

Ein ***ängstliches*** Pferd kann wie du vor Angst zittern. Es wird vielleicht auch seinen Schweif einziehen oder seine Augen und Nüstern weit aufreißen.

Die Pferdestimme

Pferde haben auch eine Stimme. Sie können zum Beispiel ganz laut ***wiehern***. Dann rufen oder begrüßen sie meistens einen ihrer Freunde. Manchmal wiehert dein Pferd auch leise. Dann freut es sich zum Beispiel, dass du es besuchen kommst. Ach ja, dein Pferd kann auch noch ein lustiges Geräusch mit seinen Nüstern machen, das man ***Schnauben*** nennt. Das hörst du, wenn es sich nach vollbrachter Arbeit entspannt.

Nicht dass du denkst, Maischa lacht! Sie wiehert auch nicht. Nein, Maischa flehmt. Das heißt, sie riecht gerade etwas ganz Besonderes!

Hallo, Pferd!

Hast du gewusst, dass ein Pferd immer stärker sein wird als du – sogar stärker als der stärkste Mann, den du kennst? Ein Pferd wird sich oft ***anders verhalten als du***. Deshalb beachte immer bestimmte ***Regeln***, damit du dich nicht in Gefahr begibst. Das ist auch wichtig, damit dein Pferd ***Vertrauen*** zu dir bekommt.

Tudel vertraut Tine und genießt ihr Streicheln.

Pferde sind ***Fluchttiere***. Wenn sie sich erschrecken, dann können sie oft gar nicht anders, als wegzurennen. Das ist ihnen angeboren. Dieses Flüchten nennt man bei Pferden ***Scheuen***.

Auf dein Pferd zugehen

Wenn du auf dein Pferd zugehst, dann bewege dich immer ***von der Seite*** in Richtung Pferdehals. So kann es dich sehen und wird sich nicht vor dir erschrecken. Denn ein Pferd kann mit den Hinterbeinen ausschlagen, wenn es Angst bekommt. Sprich es am besten freundlich mit seinem Namen an und mache ***keine hektischen, schnellen Bewegungen***.

Wenn du bei deinem Pferd bist, dann bleibe immer seitlich ***neben seiner Schulter*** – denn dies ist der sicherste Platz für dich.

Dein Pferd begrüßen

Um dein Pferd zu begrüßen, kannst du es ***am Hals streicheln*** oder kraulen. Sei sanft dabei. Ein Pferd ist nämlich sehr ***empfindlich***, obwohl es so groß ist. Das kannst du daran erkennen, dass es die kleinste Fliege auf seinem Fell spürt. Hast du schon einmal gesehen, wie seine Haut dann zuckt? Pferde mögen es auch sehr, wenn du ***mit ihnen redest.*** Natürlich nur, wenn deine Stimme ***freundlich*** klingt.

Das braucht dein Pferd

Weißt du, wie Pferde am liebsten leben? So, wie sie es von Natur aus gewohnt sind. Das heißt, viel Zeit auf der ***Weide*** zu verbringen. Es ist sehr wichtig, dass sie sich wohlfühlen, denn nur so können sie Freundschaft mit uns schließen.

Damit Schneewittchen sich in ihrer Box nicht allein fühlt, darf sie täglich für mehrere Stunden mit ihren Freunden auf die Koppel.

Der Pferdestall

Das Haus eines Pferdes nennt man Stall. In einem geschlossenen Stall hat jedes Pferd sein eigenes kleines „Zimmer“, das ist die ***Box***. Der Boden des Stalles wird mit ***Stroh*** ausgestreut. So haben die Pferde eine weiche, gemütliche Unterlage zum Hinlegen. Schmutziges Stroh und Pferdemist sammelt man jeden Tag in einem Schubkarren, natürlich auch auf der Koppel. Das nennt man ***Ausmisten***.

Am allerliebsten mögen die Pferde den ***Offenstall***. Hier ist immer eine Seite des Stalles zur ***Koppel*** oder zum Auslauf hin offen. Eine Koppel ist eine eingezäunte Weide, auf der die Pferde gemeinsam grasen, rennen und spielen können.

Was dein Pferd so frisst

Weißt du, was Pferde am liebsten machen? Fressen und fressen und nochmals fressen. Im Sommer besteht das Futter der Pferde meistens aus ***Gras***. Und im Winter, wenn kein Gras wächst, bekommen sie ***Heu***. Heu ist getrocknetes Gras. Zusätzlich kann ein Pferd noch ***Kraftfutter*** bekommen. Das enthält Getreide wie Hafer oder Gerste. Außerdem ist ein ***Salzleckstein*** wichtig für dein Pferd. Zum Trinken braucht es immer frisches, sauberes ***Wasser***.

Da Pferde einen sehr empfindlichen Magen haben, werden sie leicht krank, wenn sie zu viel oder auch verdorbenes Futter fressen. Sie bekommen dann eine **Kolik**. So nennt man Pferdebauchweh. An einer Kolik kann ein Pferd sogar sterben.

Natürlich braucht dein Pferd auch Liebe von anderen Pferden. Deshalb ist es auch so wichtig, dass es immer mit seinen Freunden zusammen sein darf.

Pferde brauchen Liebe

Soll ich dir verraten, wie du deinem Pferd zeigen kannst, dass du es sehr lieb hast? Indem du dir einfach ein bisschen Zeit nimmst, um es zu streicheln oder zu kraulen. Aber lasse dir immer von ihm durch seine ***Pferdesprache*** zeigen, wo und wie es gestreichelt werden möchte.

Die Reitschule

Darfst du nun deinen Traum verwirklichen und Reiten lernen? Dann solltest du dich erst einmal nach einer guten ***Reitschule*** umschauen. Du erkennst sie zum Beispiel daran, dass der Reitlehrer zu den Reitschülern und den Pferden immer freundlich ist. Und dass die ***Lehrpferde***, das sind die Pferde, auf denen du Reiten lernst, ***gut behandelt*** werden.

Reiten lernen

Wenn du nun mit dem Reiten beginnst, wird dich dein Reitlehrer gewöhnlich erst mal an die ***Longe*** nehmen. Eine Longe ist eine lange ***Führleine***, die der Reitlehrer hält, während das Pferd ***im Kreis*** um ihn herumläuft. So lernst du, auf deinem Pferd sicher zu sitzen, bevor du allein reiten darfst. Man nennt diese Reitstunde eine ***Longenstunde***.

In der Longenstunde kannst du dich in aller Ruhe mit deinem Pferd vertraut machen.

Eine Reitstunde sollte dir und natürlich auch deinem Pferd Spaß machen.

Das Handpferd

In manchen Reitschulen kann man das Reiten sogar auf einem Handpferd lernen. Dabei führt der Reitlehrer das Lehrpferd von seinem Pferd aus. Das Schöne an der ***Handpferdereitstunde*** ist, dass ihr von der ersten Reitstunde an ***in freier Natur*** reiten dürft.

Ein paar wichtige Regeln für deine Sicherheit

1. Gehe bitte ***nie unter dem Pferdehals*** durch, wenn du die Möglichkeit hast, außenrum zu laufen. Ein Pferd kann nämlich mit seinen Vorderhufen auch nach vorne ausschlagen.

2. Natürlich solltest du dich auch nicht direkt hinter deinem Pferd aufhalten. Du weißt ja, es kann genauso ***nach hinten ausschlagen***.

3. ***Setze oder knie*** dich niemals neben dein Pferd. Falls es mal zur Seite läuft, bräuchtest du viel zu lange, um wieder aufzustehen.

4. Passe auch auf deine ***Füße*** auf. Es tut wirklich weh, wenn dir dein Pferd – natürlich nur versehentlich – auf die Zehen tritt.

5. Versuche alle Dinge, die du bei deinem Pferd machst, in ***ruhigen Bewegungen*** durchzuführen. Und sprich zu ihm mit einer ***ruhigen, freundlichen Stimme***. Dadurch fühlt es sich sicher und geborgen bei dir.

In einer guten Reitschule lernst du auch den Umgang mit Pferden. Dazu gehört das Putzen, Aufhalftern, Führen, Satteln, Trensen und vieles mehr. Du wirst sehen, das macht wirklich Spaß. Durch das Putzen lernst du dein Pferd richtig gut kennen.

Das Putzzeug

Pferde lieben es, sich im Sand, sogar im allergrößten Schlamm zu ***wälzen***. Vor dem Reiten musst du dein Pferd immer ***putzen***. Denn da, wo Sattel und Kopfstück aufliegen, dürfen keine Dreckkrusten sein. Sonst entsteht dort eine schmerzhafte Schwellung oder sogar eine Wunde. Alle Gegenstände, die du für die Pflege deines Pferdes brauchst, heißen ***Putzzeug***. Hier siehst du die wichtigsten Putzsachen.

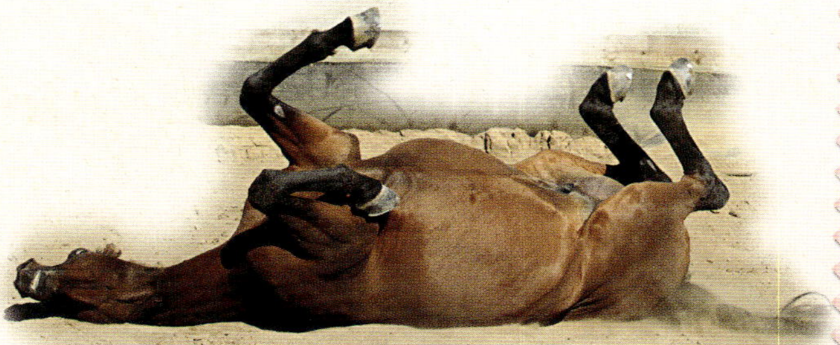

Die Kardätsche

Die ***Kardätsche*** ist eine Bürste mit kurzen, weichen Borsten. Mit ihr entfernst du Staub und Schuppen. Bürste ***in Fellrichtung***, also zu den Haarspitzen hin. Zum Säubern kannst du sie am Striegel abstreifen.

Der Gummistriegel

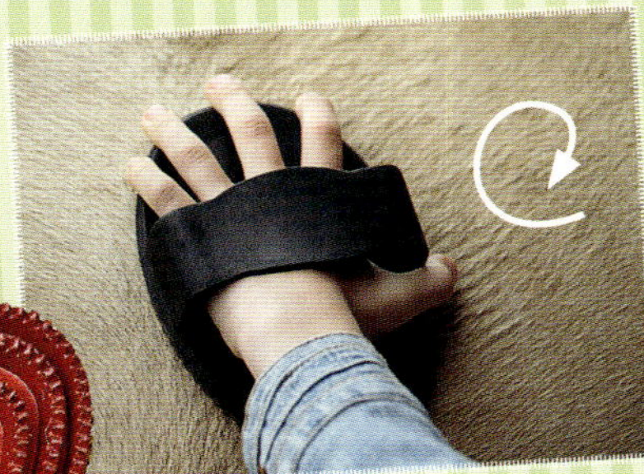

Mit dem ***Striegel*** entfernst du den gröbsten Schmutz aus dem Fell. In ***kreisförmigen Bewegungen*** kannst du über den Körper striegeln. Übe dabei so viel Druck aus, wie es für dein Pferd angenehm ist.

Die Schmusebürste

Benutze für ***Kopf***, ***Widerrist***, ***Beine*** und ***Hüften*** eine weiche ***Schmusebürste*** mit ganz feinen, weichen Borsten. An diesen Körperteilen ist dein Pferd sehr empfindlich, da sich dort keine Muskeln über den Knochen befinden.

Die Mähnenbürste

Die ***Mähnenbürste*** hat recht lange Borsten. Stelle dich zum Bürsten des Schweifes ***neben das Pferd*** – nie dahinter! ***Halte die Haare beim Kämmen fest***. So ziept es nicht und du reißt keines der kostbaren Schweifhaare aus.

Frühlingstipp!

Im Frühling verliert dein Pferd sein Winterfell. Damit das nicht so sehr juckt, kannst du ihm hervorragend durch dein Bürsten beim ***Fellwechsel*** helfen. Du kannst die ausgebürsteten Haare sammeln und unter einen Busch legen. Denn zur selben Zeit bauen Vogeleltern ihre Nester und freuen sich über solch eine weiche Unterlage. Die ausgebürsteten ***Pferdehaare*** sind für ein gemütliches ***Vogelnest*** bestens geeignet.

Die Hufpflege

Wusstest du, dass ein Pferd nur ***Hufeisen*** braucht, wenn es viel auf hartem Boden läuft oder wenn das Horn seines Hufes nicht so gut ist? Sie werden an die Ränder des Hufes genagelt. Das nennt man ***Beschlagen***. Es tut den Pferden überhaupt nicht weh, denn die Außenseite des Hufes ist so schmerzunempfindlich wie deine Fingernägel.

Ungefähr alle sechs bis acht Wochen muss man die ***Hufe ausschneiden***, da sie genauso wie deine Nägel auch nachwachsen. Und das macht alles der ***Hufschmied***.

Der Huschmied schmiedet ...

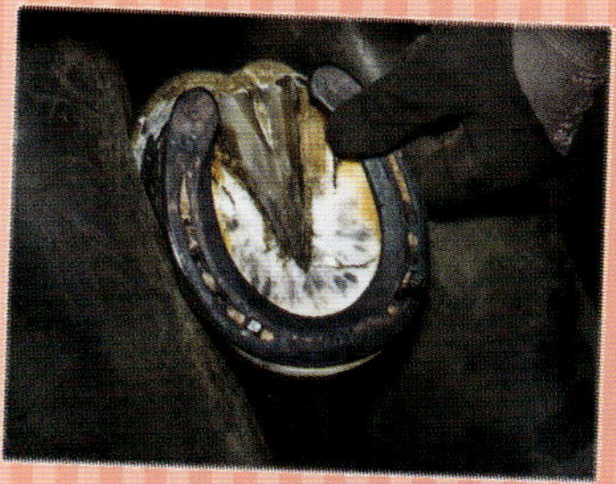

... beschlägt den Pferdehuf ...

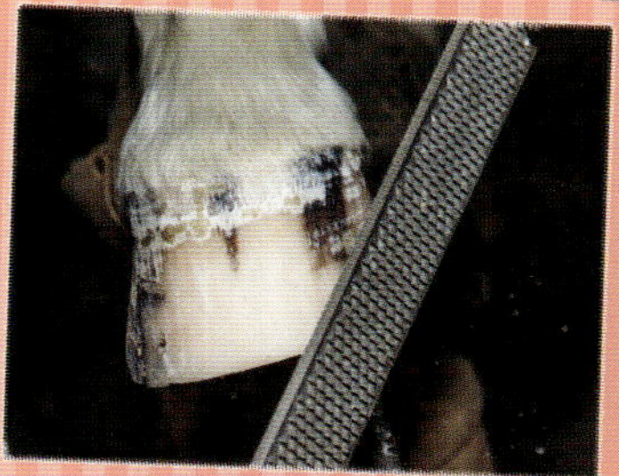

... und kümmert sich um die Pflege der Hufe.

Hufe auskratzen

Deine Aufgabe bei der Hufpflege ist das ***Entfernen von Schmutz***, der sich in den Huf eingetreten hat. Dafür benutzt du den ***Hufkratzer***. Stelle dich so hin, dass du zum Hinterteil deines Pferdes schaust. Mit der Hand streichst du am Bein hinunter und sagst: ***„Gib Huf."*** Umfasse den Huf von unten und führe den Hufkratzer neben dem ***Strahl*** nach unten in Richtung ***Hufzehe***.

Und die Kastanien?

Wenn bei einem Pferd von Kastanien die Rede ist, sind nicht die glänzenden Baumfrüchte oder die Fellfarbe gemeint, sondern ***Hornplatten*** auf den Innenseiten der Beine. Das ist eine ganz seltsame Sache: Vor vielen Millionen von Jahren waren sie Teil des Pferdefußes! Im Laufe der Evolution wurden die Pferdebeine immer länger, dieser Teil des Fußes entwickelte sich zurück und wurde unbedeutend. Er verschwand aber nicht. Die Kastanien bestehen wie der ***Huf*** aus Horn und wachsen, jedoch viel langsamer. Manchmal fallen sie einfach ab, manchmal müssen sie wie Zehennägel abgefeilt werden.

Im Pferdesalon

Wenn dir jemand die Haare kämmt und es ziept, sagst du: „Autsch!" Das kann dein Pferd aber nicht. Es kann seine Gefühle nur durch seine ***Pferdesprache*** ausdrücken. Es wird dann zum Beispiel unruhig. Vielleicht ist es an irgendeiner Stelle kitzelig? Oder es tut ihm etwas weh? Möglicherweise ist es auch sehr laut um euch herum? Oder du bist selbst ein bisschen hektisch? Deshalb achte immer auf die ***Gefühle*** deines Pferdes und versuche, sie zu ***verstehen***. Egal, ob du putzt, sattelst oder aufhalfterst. Und natürlich auch dann, wenn du dein Pferd besonders schön machen willst.

Ein Punkt für den entlasteten Hinterhuf!

Tudel liebt das Spiel „Pferdeträume". Sie schläft ja vor Entspannung gleich ein!

Pferdeträume

Hier verrate ich dir mein absolutes Lieblingspferdespiel: Jede Gruppe bekommt ein Pferd zugeteilt, das durch euer Putzen möglichst viele **Entspannungszeichen** zeigen soll. Für jedes Zeichen, wie zum Beispiel den ***entlasteten Hinterhuf*** oder die ***hängende Unterlippe***, gibt es einen Punkt – aber erst am Ende des Spieles. Gewonnen hat die Gruppe, die die meisten Punkte hat.

Zwei Punkte für zur Seite gekippte Ohren und geschlossene Augen!

Das Blumenpony

Bei diesem Spiel geht es darum, wer sein Pferd in einer vorgegebenen Zeit am schönsten geschmückt hat. Der Haarschmuck darf aber nur aus ***Blumen, Gräsern, Blättern*** oder anderen Dingen aus der Natur bestehen. Natürlich könnt ihr die Mähne und den Schweif auch zu hübschen Zöpfchen flechten.

Sieh mal, Tudel ist fast schon ein Blumenpony!

Deine Reitkleidung

Hier haben sich gleich drei begeisterte Reiterinnen auf Staccato gesetzt: Eva vorne, Paulina in der Mitte und Janika hinten. Wenn du mit dem Reiten beginnst, reichen erst mal – so wie bei Paulina – ***feste knöchelhohe*** Schuhe und bequeme lange Hosen. Achte bei den Hosen darauf, dass sie ***keine dicke Naht*** an den Innenseiten haben, sonst könntest du dir deine Beine wund reiben. Deine Jacke oder dein Pulli sollte nicht zu weit sein, damit dein Reitlehrer deine Körperhaltung noch erkennen kann.

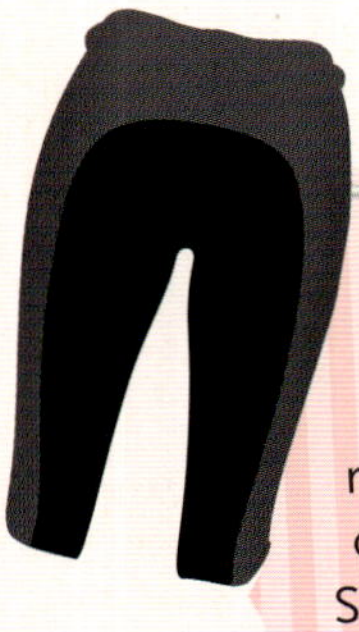

Janika, die hinten sitzt, trägt eine ***Reithose***. Diese hat an der Innenseite einen rutschfesten Besatz aus Leder oder einem anderen Material. So scheuerst du dir deine Beine beim Reiten nicht auf.

Der ***Reithelm*** darf beim Reiten nie fehlen! Er ist das Allerallerwichtigste. Denn er schützt deinen Kopf vor Verletzungen – genauso wie dein Fahrradhelm. Vielleicht kannst du ihn dir erst mal von jemandem ausleihen?

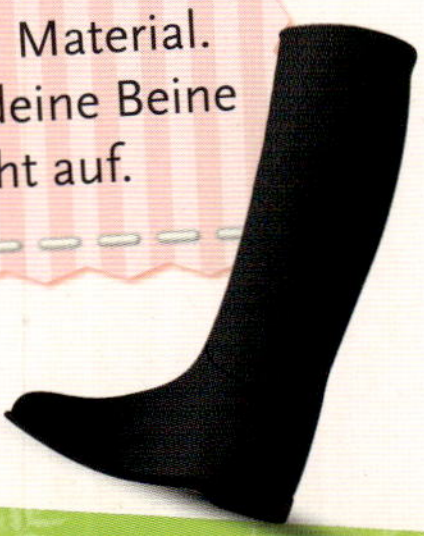

Die ***Reitstiefel*** sollten aus einem weichen Material bestehen, damit du die Bewegungen des Pferdekörpers noch spüren kannst.

Dein Pferd wird dich niemals lieber mögen, nur weil du vielleicht gerade eine schicke Reithose anhast. Einem Pferd ist so etwas ganz egal. Aber du kannst dir ganz sicher sein, dass es dich liebt, wenn du freundlich zu ihm bist.

Eva, die vorne sitzt, hat ***Mini-Chaps*** an. Du kannst sie anstelle der hohen Reitstiefel tragen. Die Reitschuhe, die sie trägt, heißen ***Jodhpurstiefel***. Sie reichen nur bis zum Knöchel und haben einen festen Absatz. Was ich ganz toll finde: Eva trägt eine ***Sicherheitsweste***. Sie schützt den Rücken bei einem Sturz vom Pferd.

Das Halfter

Auch dein Pferd braucht spezielle Kleidung, damit du es führen und lenken kannst: das ***Zaumzeug***. Das ist eine Art Kopfgurt, an dem du entweder einen ***Führstrick*** oder ***Reitzügel*** einhaken kannst. Als Erstes zeige ich dir das ***Halfter***. Das brauchst du, um dein Pferd zu führen oder anzubinden. Wenn du deinem Pferd das Halfter anziehst, nennt man das ***Aufhalftern***.

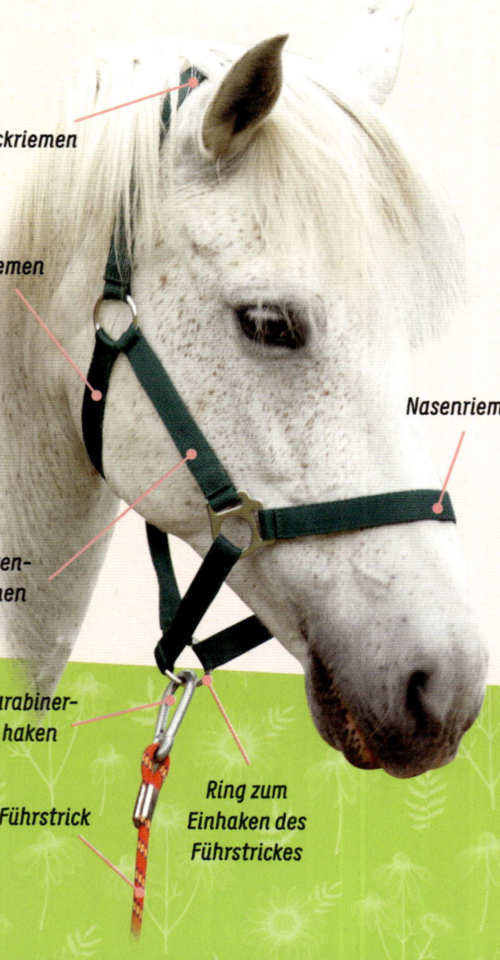

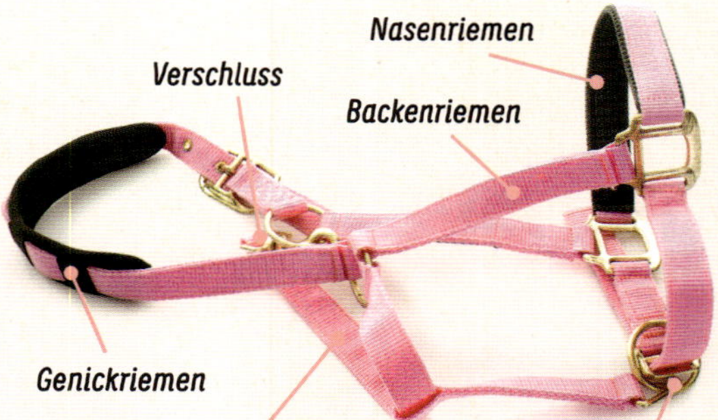

Halfter gibt es in verschiedenen Materialien und Farben. Hier trägt Tudel ein schickes Rosa.

Stelle dich auf die ***linke*** Seite neben den Pferdekopf. Halte mit deiner linken Hand den linken und mit deiner rechten Hand den rechten ***Backenriemen***. Dann führst du das Halfter vorsichtig über die Nase.

Streife der ***Genickriemen*** sanft über die Ohren. Du wirst deinem Pferd nicht wehtun, wenn du dabei vorsichtig seine Ohren nacheinander hervorholst. Jetzt musst du nur noch den ***Kehlriemen*** mit dem ***Karabinerhaken*** zumachen.

Versuche, deinem Pferd das Halfter so vorsichtig wie möglich anzuziehen. So wird es das Aufhalftern auch nicht als unangenehm empfinden und bestimmt lieb stehen bleiben.

Hier siehst du, warum du beim Aufhalftern immer ***links*** vom Pferd stehen solltest: Auf dieser Seite befindet sich der ***Verschluss*** des Halfters.

Die Führschule

Hast du gewusst, dass man das ***Führen*** eines Pferdes genauso üben muss wie das Reiten? Manche Pferde laufen ansonsten ihren eigenen Weg. Deswegen solltest du wissen, wie du dein Pferd richtig führst. Schau mal!

Grundposition

Stelle dich zum Führen ***links*** neben den Pferdekopf. Halte den Führstrick mit deiner rechten Hand etwa ***zwei Handbreit*** hinter dem Haken. Der Strick sollte etwas ***durchhängen***, damit ein kleines Tal entsteht. So spürt dein Pferd den Führstrick nur, wenn es etwas machen soll.

Deinen Unterarm streckst du seitlich von dir weg. Das ist jetzt dein ***Abstandsarm***. So wird dir dein Pferd nicht aus Versehen auf die Füße treten. Das lose Ende des Führstrickes liegt mit einer ***Schlaufe*** in deiner linken Hand.

Wickle den Führstrick niemals um die Hand! Falls dein Pferd plötzlich davonrennen sollte, könntest du dich nicht mehr schnell genug befreien.

Anführen

Möchtest du dein Pferd anführen, das bedeutet, dass es loslaufen soll, dann ***schnalzt du mit deiner Zunge*** und ziehst ganz kurz und nur leicht am Führstrick.

Lenken

Der Kopf deines Pferdes muss immer in die Richtung zeigen, in die es laufen soll. Möchtest du dein Pferd ***nach links*** lenken, dann laufe erst selbst nach links und führe dann seinen Kopf mit dem Führstrick ebenfalls in diese Richtung.

Und so kannst du dein Pferd ***nach rechts*** führen: Nimm den Führstrick unter dem Pferdekopf durch und ziehe ihn ganz kurz nach rechts. Ist dein Arm dafür nicht lang genug, kannst du dein Pferd auch mit deinem rechten Zeigefinger an seiner ***Backe antippen***, um seinen Kopf nach rechts zu lenken.

Anhalten

Wenn du dein Pferd wieder anhalten möchtest, dann sage ihm das durch ein tiefes, lang gezogenes ***„Brrr“*** oder ***„Haaalt“***. Frage deinen Reitlehrer, auf welches Wort dein Pferd anhält. Zusätzlich ziehst du kurz mit dem Führstrick nach hinten in Richtung Pferdehals.

Möchtest du dein Pferd beim Führen loben, hältst du den ganzen Führstrick in deiner linken Hand. So hast du deine rechte Hand frei, um dein Pferd ausgiebig zu streicheln.

Dein Pferd anbinden

Wenn du dein Pferd anbinden möchtest, achte darauf, dass es angebunden seinen ***Kopf noch gut drehen*** kann. So sieht es nämlich noch, was hinter ihm vorgeht. Allerdings darf der ***Führstrick*** auch nicht zu lang sein, da es sich sonst mit seinen Vorderbeinen im Strick verheddern könnte.

Der Pferdeknoten

Hier siehst du einen speziellen Pferdeknoten, mit dem du dein Pferd anbinden kannst. Dieser Knoten lässt sich ganz einfach öffnen und zieht sich nicht fest, wenn dein Pferd mal daran zerrt. Den Pferdeknoten kannst du auch wunderbar zu Hause üben, wenn du ein Springseil an einer Stuhllehne festbindest.

Vergiss nicht, wie stark dein Pferd ist!

Auch wenn dein Pferd angebunden ist, gelten die gleichen Sicherheitsregeln wie auf S. 21 beschrieben. Damit du jetzt nicht zurückblättern musst, zähle ich die wichtigsten Dinge noch einmal auf:

1. Halte dich ***nicht direkt hinter*** deinem Pferd auf und gehe nach Möglichkeit auch ***nicht unter dem Pferdehals*** durch. Ein Pferd kann zu beiden Seiten ausschlagen!

2. ***Setze oder knie*** dich nie neben dein Pferd und passe auf deine ***Füße*** auf. Es kann leicht passieren, dass dein Pferd sich unvorhergesehen bewegt oder dir versehentlich auf den Fuß tritt. Pferde haben sehr viel Kraft!

3. Bewege dich niemals hektisch, sondern immer ***ruhig und gelassen***, und sprich mit ***ruhiger, freundlicher Stimme***. Dadurch fühlt sich dein Pferd sicher. Wenn du hektisch wirst, könnte es sich erschrecken.

Die Trense

Zum Zaumzeug gehört auch die Trense, das ist ein ***Reithalfter***. Es ist mit einem Metallstück verbunden, das dein Pferd im Maul trägt, dem ***Trensengebiss***. Daran sind die ***Zügel*** befestigt, mit denen du dein Pferd beim Reiten lenken und anhalten kannst. Das Anlegen der Trense nennt man ***Auftrensen***.

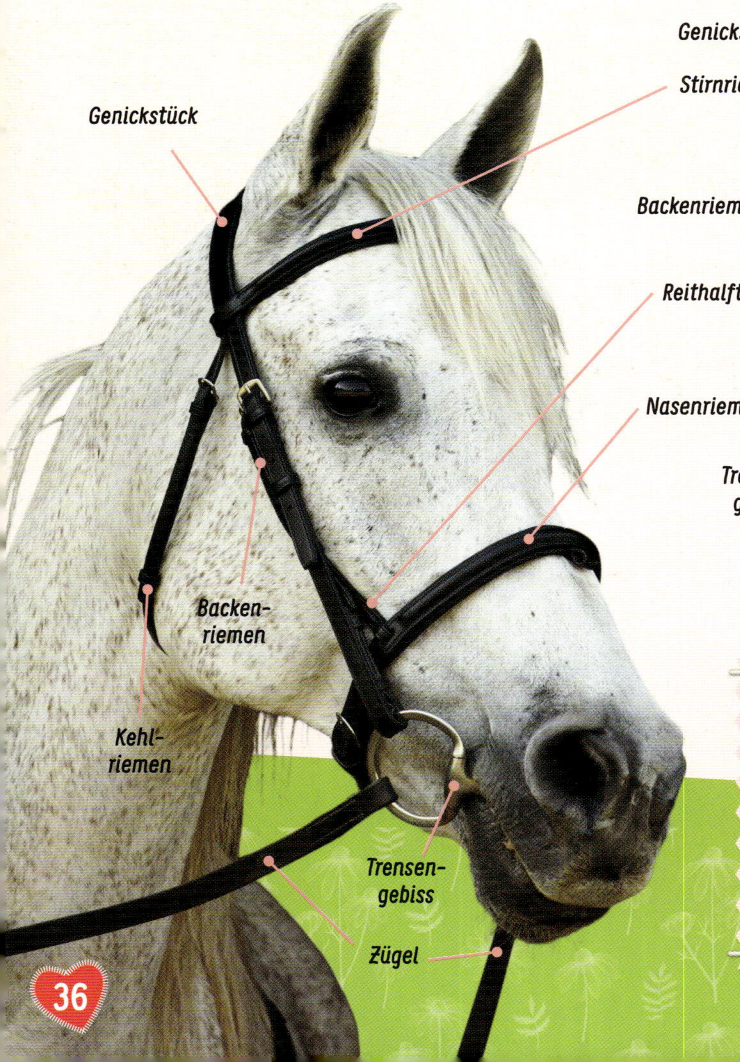

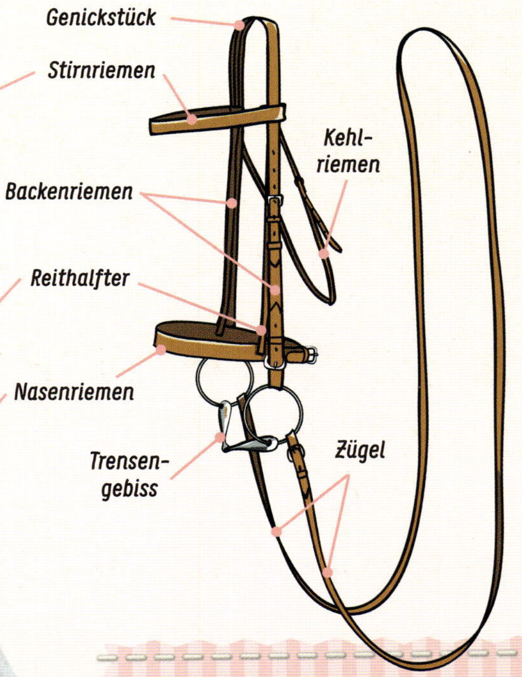

Beim Auftrensen geht es nicht nur darum, dass die Trense richtig auf dem Kopf sitzt. Nein, dein Pferd freut sich, wenn du auch lernst, ihm die Trense so angenehm wie möglich anzuziehen.

Stelle dich auf die ***linke Seite*** des Pferdekopfes. Zuerst legst du deinem Pferd die ***Zügel*** über den Hals. Dann ziehst du ihm das Halfter an: Halte mit der rechten Hand ***beide Backenriemen*** so hoch, dass du mit der linken Hand das ***Trensengebiss*** ganz vorsichtig in das Maul führen kannst.

Streife vorsichtig den ***Nasenriemen*** über das Maul und das ***Genickstück*** über die Ohren und hole den Schopf unter dem ***Stirnriemen*** hervor.

Jetzt musst du nur noch den ***Kehlriemen*** und den Nasenriemen vom Reithalfter ***schließen***. Toll, du hast es geschafft!

Die Trense muss deinem Pferd ganz genau passen. Zwischen dem Kehlriemen und der Kehle muss noch eine Faust Platz haben. Und zwischen Nasenriemen und Nase sollten mindestens zwei Finger passen.

Der Sattel

Um ein Gefühl für die Bewegungen deines Pferdes zu bekommen, ist es gut, dich erst mal ohne Sattel auf den Pferderücken zu setzen. Aber um richtig reiten zu lernen, braucht ihr beide einen ***Sattel***. Am Sattel hängen die ***Steigbügel***, die dir zusätzlich ***Sicherheit*** geben. Jedes Pferd sollte einen eigenen Sattel haben, der ihm ***ganz genau passt***. Wie die Trense. Sonst kann es schmerzhafte Wunden bekommen.

Das Auf- und Absatteln

Wenn du den Sattel auf den Rücken deines Pferdes legst und festschnallst, nennt man das **Aufsatteln.** Wenn du den Sattel wieder abnimmst, sagt man dazu **Absatteln.**

Lege den Sattel mit der daran befestigten ***Satteldecke*** vorsichtig über den ***Widerrist***. Dann schiebe ihn ein Stück nach hinten. So liegen die Haare unter dem Sattel gerade und scheuern nicht.

Die Satteldecke ziehst du etwas nach oben in die ***Sattelkammer***, damit sie nicht am Widerrist reibt. Schaue noch nach, ob ***Sattelblatt*** und Satteldecke auch am Pferdekörper anliegen.

Verschnalle den Sattelgurt mit den beiden äußeren ***Gurtstrippen***, sodass er leicht am Pferdebauch anliegt.

Fertig! Bereit zum Aufsitzen?

Los geht's!

Du hast jetzt schon eine ganze Menge über deinen neuen Freund Pferd und den Umgang mit ihm gelernt. Du weißt, ***was dein Pferd braucht***, um sich wohlzufühlen. Vielleicht verstehst du sogar schon ein bisschen seine ***Sprache***! Damit ist es aber wie mit jeder fremden Sprache: Man braucht Geduld und muss ganz viel ***üben***! Am Anfang gibt es vielleicht Missverständnisse, aber mit der Zeit wirst du dein Pferd ***immer besser verstehen*** – und umgekehrt.

Bist du jetzt bereit, richtig reiten zu lernen? Dann los! Vielleicht weißt du schon, dass Pferde sich in ***drei Gangarten*** bewegen. Das ist so ähnlich wie beim Autofahren: erster Gang = langsam, zweiter Gang = beschleunigen, dritter Gang = Tempo! Komischer Vergleich? Dann denke mal darüber nach, warum die Motorstärke von Autos in ***PS*** angegeben wird. Das ist nämlich die Abkürzung für ***„Pferdestärke"***, also die Zugkraft, die ein einzelnes Pferd aufbringen kann.

1. Gang: Schritt *2. Gang: Trab* *3. Gang: Galopp*

Zu den ersten Dingen, die du in der Reitschule lernst, gehört natürlich das Aufsitzen. Und der sichere Sitz im Sattel. Wenn du das geschafft hast, kann es endlich losgehen!

Aufsitzen

Endlich ist der große Moment da: Du darfst aufs Pferd! Aber Stopp, hast du deinen ***Reithelm*** auf? Den darfst du nicht vergessen. Sicher fragst du dich, wie du eigentlich auf dein Pferd hochkommst? Komm, wir schauen es uns an.

Aufsitzen Schritt für Schritt

1. Vor dem Aufsitzen musst du noch die richtige ***Länge der Steigbügel*** einstellen. Dazu muss der Steigbügel bei ausgestrecktem Arm bis zu deiner Achselhöhle reichen.

2. Stelle dich mit deiner rechten Schulter dicht neben das Ende des Sattels. Halte beide ***Zügel in der linken Hand*** und greife nach einem Büschel ***Mähne*** vor dem Sattel. Das tut deinem Pferd auch nicht weh.

3. Stelle deinen ***linken Fuß in den Steigbügel*** und lege deine rechte Hand an den vorderen ***Sattelrand***. So hältst du den Sattel beim Aufsteigen gerade.

4. Stoße dich ***mit dem rechten Fuß*** ab und ziehe dich hoch. Hebe dein Bein über den Pferderücken, ohne ihn zu berühren. Setze dich behutsam in den Sattel, damit du deinem Pferd nicht wehtust. Jetzt nur noch den rechten Fuß in den Steigbügel stellen!
Und? Ist das nicht schön hier oben?

Aufsteighilfe

Wenn du auf einem so großen Pferd wie Guildo reiten darfst, suche dir besser eine Aufsteighilfe wie einen Strohballen oder eine stabile Kiste. Denn so ist das Aufsitzen für dich einfacher und für dein Pferd viel angenehmer. Du kannst dir natürlich auch von jemandem helfen lassen.

Winkle dein linkes Bein an, damit der Helfer dich hochheben kann. Halte dich dazu am Sattel fest.

Dein Pferd wird sich sehr freuen, wenn jemand auf der anderen Seite am Steigbügelriemen den Sattel gegenhalten kann. Dann muss es nämlich nicht dein ganzes Gewicht auf einer Seite tragen.

Endlich oben!

Obwohl es auf dem Pferd „sitzen" heißt, darfst du es dir natürlich nicht so gemütlich machen wie in einem bequemen Sessel. Warum? Das könnte gefährlich werden. Und für dein Pferd wäre es außerdem recht unangenehm.

Der Vollsitz

Hier siehst du Janika auf Staccato. Sie sitzt im ***Vollsitz***. Das kannst du an der eingezeichneten Linie von ihrer Schulter zur Hüfte bis hin zu ihrem Absatz erkennen.

Die Zügelhaltung

Wie du ja schon weißt, sind die Zügel am Trensengebiss befestigt. Das Gebiss – so kannst du auch zum Trensengebiss sagen – ist das Metallstück, das ein Pferd beim Reiten im Maul hat.

Wenn du die Zügel ein bisschen spannst, dann heißt das ***Zügel annehmen***. Dein Pferd spürt dann einen sanften Druck auf seine ***Laden***. Das sind die zahnlosen Stellen links und rechts im Unterkiefer. Dadurch kannst du dein Pferd ***lenken, anhalten*** oder ihm sagen, dass es langsamer laufen soll. Ziehst du allerdings am Zügel, tut das deinem Pferd sehr weh.

Schau mal, Tudel gähnt. Kannst du hinten im Unterkiefer ihre Laden erkennen?

Die Zügel hältst du in deiner ganzen Hand – nur dein kleiner Finger liegt darunter. Deinen Daumen legst du obendrauf, damit dir die Zügel nicht aus der Hand rutschen.

Passe auf, dass du deine Finger nicht krampfhaft zusammenpresst. Stelle dir einen wunderschönen Schmetterling in deiner Hand vor, den du auf keinen Fall zerdrücken darfst, der aber auch nicht davonfliegen soll. So wirst du automatisch vorsichtig mit dem empfindlichen Pferdemaul umgehen.

Erste Schritte

Abgesehen von Islandpferden – die können sogar fünf Gangarten! – bewegen sich alle Pferde in den drei Gangarten ***Schritt***, ***Trab*** und ***Galopp***. Die Pferdebeine laufen bei jeder Gangart unterschiedlich. Wir beginnen mit der langsamsten Gangart, dem ***Schritt***. Dabei hörst du ***vier Hufschläge*** nacheinander, da dein Pferd einen Huf nach dem anderen aufsetzt.

Ohne Sattel kannst du die Bewegung des Pferdes ganz toll spüren.

Halte dich dabei ruhig an der Mähne fest. Das tut deinem Pferd nicht weh.

Teste dein Gleichgewicht

Um wirklich gut im Sattel zu sitzen, brauchst du ein gutes Gleichgewicht. Das bedeutet, dass du dein Körpergewicht gleichmäßig auf dem Pferderücken verteilst. Durch ***Gleichgewichtsübungen*** an der Longe kannst du deinen Sitz verbessern – und fühlst dich zugleich sicherer.

Eine gute Übung ist ***„Arme kreisen“***. Dabei sitzt du im ***Vollsitz*** auf deinem Pferd und streckst die Arme zur Seite. Lasse sie langsam und gleichmäßig kreisen. Beginne mit kleinen Kreisen und lasse sie immer größer werden. Bleibe dabei ganz ruhig und gerade. Wenn du das ein bisschen geübt hast, versuche es mit geschlossenen Augen.

Greta übt „Arme kreisen“ mit geschlossenen Augen. Ganz schön mutig!

Tine umarmt Tudel – gar nicht so einfach, denn sie darf sich dabei nicht mit ihren Beinen an Tudels Bauch festklammern.

Bringe dein Pferd zum Gehen

Wenn du möchtest, dass dein Pferd losläuft, musst du es ***antreiben***. Dies versteht dein Pferd, wenn du deine ***Unterschenkel*** sanft an seinen Bauch drückst. Dazu setzt du noch deine ***Stimme*** mit einem leisen ***Schnalzen*** ein. Gleichzeitig gehst du mit deinen Händen etwas vor, damit dein Pferd von den Zügeln nicht zurückgehalten wird. Dasselbe machst du, wenn es schneller laufen soll.

Macht dein Pferd nicht, was du willst? Dann vergewissere dich noch mal, ob du alles richtig gemacht hast und dein Pferd dich wirklich verstanden hat.

Lenken und Anhalten

Erst wenn du schon gut in allen Gangarten auf deinem Pferd an der Longe sitzen kannst, darfst du allein reiten. Dazu musst du aber wissen, wie man ein Pferd lenkt und anhält.

Mit den Zügeln lenken

Wenn du dein Pferd ***nach links*** lenken möchtest, muss es einen sanften Druck im ***linken Maulwinkel*** spüren. Dazu musst du den ***linken Zügel annehmen***, indem du deine linke Hand etwas zurückbewegst. Nun musst du gleichzeitig den ***rechten Zügel nachgeben***, indem du deine rechte Hand etwas nach vorne führst. So kann dein Pferd seinen Kopf nach links drehen.

Möchtest du ***nach rechts*** lenken, machst du es umgekehrt: ***rechten Zügel annehmen***, ***linken Zügel nachgeben***.

Mit dem Körper lenken

Lenke dein Pferd zusätzlich mit deinem ***Gewicht***. Wenn du ***nach links*** möchtest, machst du einfach dein ***linkes Bein lang***, indem du deinen Absatz noch mehr nach unten drückst. Dadurch wird dein Po auf der linken Seite schwerer. Drehe noch deinen ***Oberkörper nach links*** und du wirst sehen, dein Pferd hat dich bestens verstanden.

Geradeaus reiten ist übrigens auch nicht so einfach!

So stoppst du dein Pferd

Damit dein Pferd weiß, dass es wieder ***anhalten*** soll, muss es einen ***leichten Druck*** durch das Trensengebiss in seinem Maul spüren. Dazu nimmst du beide Hände etwas zurück, also: ***Zügel annehmen***. Und, hat dein Pferd angehalten? Dann musst du schnell mit deinen Händen wieder vorgehen und den ***Zügel nachgeben***. So weiß dein Pferd, dass es die Aufgabe erfüllt hat.

Bald kannst du bestimmt auch Slalom um die Bäume reiten – so wie Paulina.

Zum Anhalten solltest du zusätzlich deine ***Stimme*** benutzen – wie beim Führen. Übrigens, dein Pferd hat ein ***gutes Gehör***, du kannst ganz ***leise*** mit ihm reden. Ist es nicht toll, wenn dein Pferd auf ein ***„Brr"*** oder ***„Hoo"*** anhält?

Was fällt dir auf, wenn du Paulina auf Staccato und dem Schimmel vergleichst? Abgesehen von ihrer unterschiedlichen Kleidung? Richtig: Staccato trägt eine Trense ohne Reithalfter. Ein gut ausgebildetes Pferd kann man nämlich auch ohne Reithalfter reiten.

Traben

Traust du dich schon, ein bisschen schneller zu reiten? Dann können wir ja mal traben. Im ***Trab*** bewegt das Pferd immer zwei Beine gleichzeitig, deshalb hörst du nur ***zwei Hufschläge***.

Dein Pferd zum Trab bringen

Zum Antraben musst du zuerst die ***Zügel verkürzen*** und dann dein Pferd ***antreiben***. Wie beim Schritt benutzt du dafür deine ***Unterschenkel*** und deine ***Stimme***. Eine ganz schön holperige Angelegenheit, wenn dein Pferd trabt, oder?

Deshalb darfst du die Zügel erst selbst in die Hand nehmen, wenn du im Trab an der Longe sicher sitzt, dem Rhythmus folgst und die Hände ruhig halten kannst. Sonst könntest du deinem Pferd im Maul wehtun. Dein Ziel ist es, den ***Vollsitz*** auch im Trab beizubehalten. Dies nennt man ***Aussitzen***. Das ist am Anfang allerdings ziemlich schwierig ...

An der Longe kannst du dich am ***Sattel*** oder am ***Sattelriemchen festhalten***, um den sicheren Sitz im Trab zu üben.

Hier reitet Marie im Trab auf Schneewittchen. Das siehst du an Schneewittchens Beinhaltung: Zwei Beine sind in der Luft, zwei am Boden.

Siehst du, dass immer zwei schräg gegenüberliegende Beine in der Luft sind und die anderen beiden den Boden berühren? Daran erkennst du, dass diese Herde trabt.

Leichttraben

Wenn du das erste Mal trabst, wirst du so durchgerüttelt, dass an ***Aussitzen*** gar nicht zu denken ist! Das ***Leichttraben*** hilft dir, den Rhythmus zu finden. Dabei hebst du ***im Rhythmus der Trabschritte*** deines Pferdes bei jedem zweiten Schritt den Po leicht an: eins–ZWEI, eins–ZWEI ...

Vom Trab zum Schritt

Möchtest du vom Trab in den Schritt wechseln, musst du die ***Zügel annehmen*** und dich ***fest in den Sattel*** setzen. Tue dies aber ganz langsam, damit dein Pferd die Möglichkeit hat, auf einen sanften Zügeldruck zu hören und zu reagieren.

Bei „Zwei“ ***hebst du deinen Po*** etwas aus dem Sattel, indem du dich in die Steigbügel stellst.

Bei „Eins“ ***setzt du dich ganz sanft*** wieder hin und stellst dich bei „Zwei“ gleich wieder auf.

Am angenehmsten ist das ***Leichttraben*** für dein Pferd, wenn du deinen Po beim Aufstehen ***so wenig wie möglich*** aus dem Sattel hebst. Dadurch wirst du beim Einsitzen sanfter wieder im Sattel landen.

Die Bahn

Die Bahn bedeutet: endlich ***ohne Longe*** allein reiten! Man braucht aber sehr viel Übung, um ein Pferd so zu reiten, dass es alles macht – oder besser gesagt, dass es alles verstehen kann, was man von ihm möchte.

Reiten in der Bahn

Um in der Bahn zu reiten, solltest du noch wissen, wo „innen" und „außen" ist. ***Innen*** ist die Mitte der Bahn, wo dein Reitlehrer steht. ***Außen*** ist die Seite mit der Umzäunung des Platzes. Reitest du am Rand der Reitbahn, bist du auf dem ***Hufschlag***. Zeigt dabei deine linke Hand nach innen, reitest du „auf der ***linken Hand***". Zeigt deine rechte Hand nach innen, reitest du „auf der ***rechten Hand***".

Der Hufschlag

Auf der Bahn kannst du verschiedene Figuren reiten, die ***Hufschlagfiguren***. Um sie punktgenau reiten zu können, sind an der Außenseite der Bahn Schilder mit Buchstaben und Zeichen angebracht.

Janika reitet auf der linken Hand, da ihre linke Hand zur Bahnmitte zeigt.

In der Bahn zu reiten, bedeutet, du reitest auf einem Reitplatz oder in einer Reithalle.

Die Bahnregeln

Genauso wie du dich an gewisse Regeln beim Fahrradfahren halten musst, gibt es auch verschiedene Bahnregeln, damit keine Zusammenstöße beim Reiten passieren.

1. Bevor du dein Pferd in die Reitbahn führst, musst du rufen: ***„Tür frei.“*** Erst bei der Antwort: ***„Tür ist frei“***, darfst du die Bahn betreten. Manche Türen von Reithallen sind sehr schwer. Lasse dir dann beim Öffnen helfen.

2. Zum Aufsitzen oder Absitzen stellt man sich immer ***nebeneinander*** mit genügend Abstand in der Bahnmitte auf.

3. Reitest du mit mehreren Kindern in der Bahn, ist das eine ***Abteilung***. Dabei muss jeder mindestens ***eine Pferdelänge Abstand*** zum Vorderpferd einhalten. Pferde mögen es gar nicht, wenn man zu dicht hinten aufreitet. Sie können dann ausschlagen.

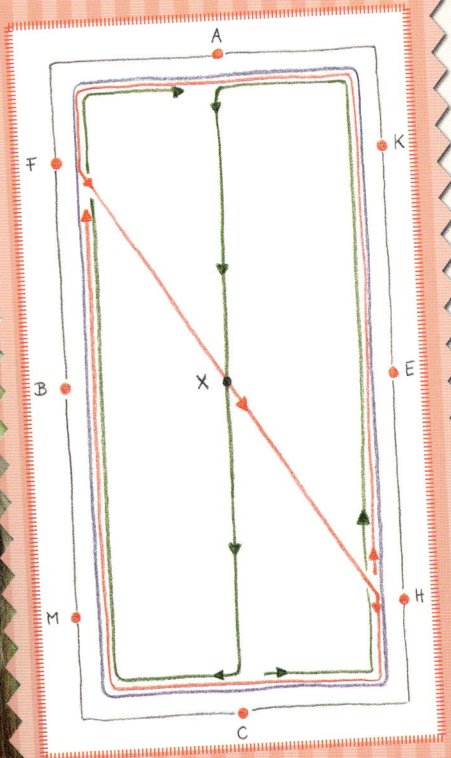

violett: ganze Bahn
rot: durch die ganze Bahn wechseln
grün: durch die Länge der Bahn wechseln

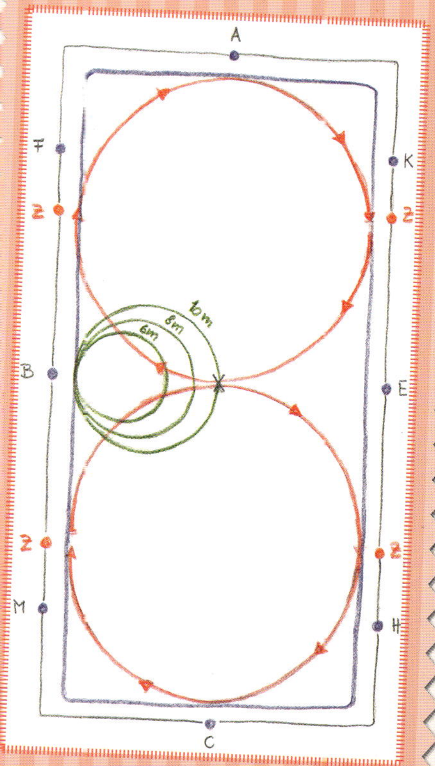

violett: ganze Bahn
rot: Zirkel; ***grün:*** Volten

Hier kannst du dir schon mal die wichtigsten Hufschlagfiguren anschauen.

Galoppieren

Klappt das Traben gut? Möchtest du nun mal im Galopp reiten? Das ist die schnellste ***Gangart***. Ein Pferd kann ***Rechts-*** und ***Linksgalopp***. Beim Rechtsgalopp springt das rechte Vorderbein am weitesten vor, beim Linksgalopp das linke. Im Galopp kannst du ***drei Hufschläge*** hören.

Dein Pferd zum Galopp bringen

Bevor du dein Pferd in den Galopp bringst, musst du den Trab ***aussitzen***, also ***sicher im Vollsitz*** reiten.

Dein Pferd weiß, dass es angaloppieren soll, wenn du deinen ***äußeren Unterschenkel etwas zurücknimmst*** – also den, der zur Außenseite der Bahn zeigt. Gleichzeitig drückst du deinen ***inneren Schenkel sanft an den Pferdebauch*** – also den, der zur Innenseite der Bahn zeigt. Natürlich kannst du dein Pferd zusätzlich mit der ***Stimme*** antreiben.

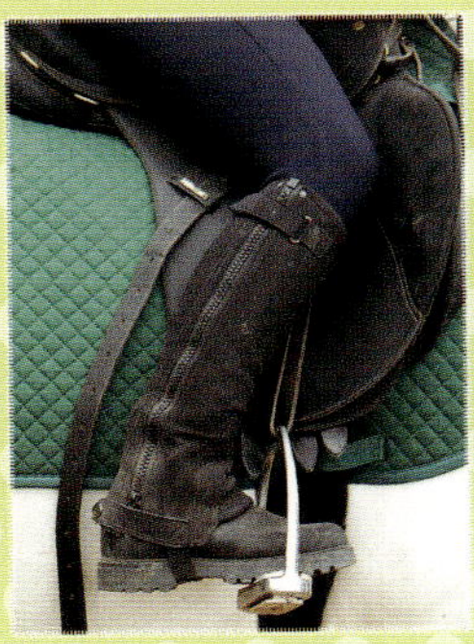

So liegt dein äußerer Schenkel normalerweise.

So weit nimmst du ihn zum Angaloppieren zurück.

Marie ist ganz konzentriert – damit Schneewittchen genauso viel Spaß im Galopp hat wie sie.

Der Sitz im Galopp

Ist das nicht schön? Und schnell! Den Galopp kannst du – genauso wie den Trab auch – im ***Vollsitz aussitzen***. Falls du die Zügel im Galopp schon halten darfst, achte darauf, dass deine Hände ruhig sind, damit sie die Bewegung des Pferdekopfes nicht stören.

Vom Galopp zum Trab

Soll dein Pferd nun vom Galopp in den Trab wechseln, musst du die ***Zügel wieder annehmen***. Gib ihm noch die Möglichkeit, auf deine Stimme zu hören. Achte auch darauf, dass du dabei ***gerade sitzen*** bleibst.

Das Abspringen im Schritt oder Trab nimmt dir die Angst vor dem Galoppieren – und macht außerdem riesigen Spaß.

Die Abspringübung

Hast du noch ein bisschen Angst vor dem Galoppieren? Wusstest du, dass diese Angst gut ist? Denn sie schützt dich davor, leichtsinnig zu werden. Ich habe eine Idee, wie du dich vielleicht sicherer fühlst: durch eine ***Abspringübung***. Bei dieser Übung springst du ***im Schritt und im Trab*** von deinem Pferd ab. Versuche dabei immer, auf deinen Füßen zu landen. Schaffst du das nicht, dann rollst du dich auf jeden Fall vom Pferd weg.

Ausreiten

Was gibt es Schöneres als einen herrlichen ***Ausritt*** – zusammen mit deinem Freund Pferd über Wiesen zu galoppieren, durch sonnige Wälder zu traben und entspannt an glitzernden Seen vorbeizureiten?

Der Entlastungssitz

Der Entlastungssitz macht dir das Sitzen beim Ausreiten leichter. Du kannst ihn im ***Trab*** und ***Galopp*** benutzen, um kleine Hänge bergauf und bergab zu reiten oder um sicher zu sitzen, wenn dein Pferd Angst hat.

Beim Entlastungssitz schiebst du deinen Po im Sattel ein kleines bisschen nach hinten und neigst deinen ***Oberkörper*** etwas nach vorne. ***Verkürze*** dir noch die Zügel und lege deine Hände links und rechts am ***Mähnenkamm*** an.

Der Achtung-Äste-Sitz

Damit dir tief hängende Äste nicht ins Gesicht schlagen, musst du in den ***Achtung-Äste-Sitz*** gehen. Dazu schiebst du deinen Po im Sattel ganz weit nach hinten, beugst dich nach vorne und hältst deinen Kopf seitlich am Pferdehals. Die Unterschenkel sollen vorne bleiben und du klammerst dich damit nicht am Pferdebauch fest.

Sicherheit beim Ausritt

Denke beim Ausreiten daran, dass Pferde ***Fluchttiere*** sind. Sie können vor Sachen Angst haben, die du selbst als ungefährlich betrachtest. Dein Pferd kann sich zum Beispiel vor einem sich von hinten nähernden Fahrradfahrer ***erschrecken***. Auch ein Hund, der aus dem Wald gerannt kommt, kann deinem Pferd Angst einjagen – sogar eine Plastiktüte am Wegesrand!

Achte auf die Ohren!

Damit dein Pferd sich nicht so leicht erschreckt, lenke es ***von der Gefahr ab***, am besten, bevor es sie sieht. Dazu musst du die Zügel immer wieder ***annehmen und nachgeben***. Drehen sich die Ohren deines Pferdes zu dir nach hinten, weißt du, es ist mit seinen Gedanken wieder bei dir. Du kannst dein Pferd zusätzlich ***beruhigen***, wenn du mit ihm redest.

Schau mal, Staccato ist mit seinen Gedanken im Moment gar nicht bei seinem Reiter!

Wie schön, Staccato ist wieder auf seinen Reiter aufmerksam.

Schon zu Ende?

Hat dir das Reiten Spaß gemacht? Nun ist deine Reitstunde zu Ende. Wenn du jetzt von deinem Pferd wieder absteigen möchtest oder wahrscheinlich eher musst, nennt man dies ***Absitzen***. Sicher möchtest du dich noch ***bei deinem Pferd bedanken***. Am meisten freut es sich, wenn du es mit einem kleinen Leckerbissen belohnst.

Absitzen, so geht's:

Zum Absitzen nimmst du ***beide Füße*** aus den Steigbügeln. Achte darauf, dass du dein ***Bein gestreckt*** über den Pferderücken hebst, damit du nicht versehentlich deinem Pferd einen Tritt verpasst.

Hier siehst du das Absitzen nach rechts. Meistens wird aber nach links abgesessen.

Lasse dich dann ***langsam herabgleiten*** und gehe beim Landen ***in die Knie***, damit du weich aufkommst.

Am besten übst du das Auf- und Absitzen von beiden Seiten, damit dein Pferd nicht so einseitig belastet wird.

Normalerweise nimmt sich dein Pferd sein Futter ganz vorsichtig mit seinen Lippen. Trotzdem musst du unbedingt darauf achten, ihm kleine Futterstückchen auf der flachen, ausgestreckten Hand zu geben.

Kleine Hände? Dann nimm lieber ein Pferdetellerchen. Mit einem wasserfesten Stift kannst du es schön anmalen.

Dein Pferd belohnen

Mohrrüben, Äpfel, sogar geschälte Bananen sind für Pferde herrliche Köstlichkeiten. Den ***Leckerbissen*** hältst du deinem Pferd auf der flachen, ausgestreckten Hand hin.

Sind deine Hände noch recht klein, dann ist es besser, wenn du dein Pferd von einem Pferdetellerchen fütterst. Denn für ein Pferd ist es ziemlich schwierig, den Leckerbissen von einer kleinen Hand zu unterscheiden. Stelle dir nur mal vor, es würde versehentlich deinen Finger erwischen! Frage doch mal deine Eltern, ob ihr einen alten tiefen Teller aus Plastik oder Metall habt.

Pferdeleckerlis

Du weißt ja, Fressen ist so ziemlich das Schönste auf der ganzen Welt für ein Pferd. Möchtest du deinem Pferd eine Freude bereiten und ihm ein paar Pferdeleckerlis selbst backen? Hier habe ich ein hervorragendes Rezept!

Apfel-Leckerlis

Dazu brauchst du:
5 Äpfel
420 Gramm Haferflocken
2 Esslöffel Zucker

Zubereitung:

1. Die Äpfel schälen und fein reiben.

2. Dann die Haferflocken und den Zucker unterrühren, bis ein Teig entsteht.

3. Jetzt kannst du kirschgroße Kugeln formen und auf ein mit Backpapier ausgelegtes Backblech legen.

4. Ab in den Ofen und auf der mittleren Schiene bei 150 Grad Celsius mindestens eine Stunde backen lassen.

Die Pferdeleckerlis müssen knochenhart sein, denn weich darf sie dein Pferd nicht fressen. Sonst bekommt es eine Kolik.

Auf Wiedersehen

Ich hoffe, unser gemeinsamer Ausflug in die Welt der Pferde hat dir Spaß gemacht?! Zum Schluss möchte ich dir gerne noch einen wichtigen Tipp geben: Achte beim Reitenlernen immer auf die Gefühle deines Pferdes. Es soll die Zeit mit dir schließlich genauso genießen wie du mit ihm.

Nun wünsche ich dir wunderbare Pferdestunden und viel Freude mit allen Pferden und Ponys, die du in deinem Leben kennenlernen wirst.

Deine Judith

Stichwortregister

Impressum & Dank

Bildnachweis:
Ingolf Bender, Kalhar-Appeldorn, S. 18 u.; Lothar Lenz, Cochem: S. 8 u., 15 o., 16 r., 50/51 o.m., 52 u.l.; Frank Reh, Kaiserslautern: S. 6, 61 o.; Christiane Slawik, Würzburg: S. 4, 5, 7, 11 m., 12 u., 12/13 m., 13 m., 14, 15 u., 16 l., 17, 18, 19 u., m., 20, 21, 22, 23, 24, 25, 26, 27, 29, 30 l., 31, 32, 33, 34, 37, 39, 41, 42, 43, 44, 45, 46, 47, 48, 49, 50, 51, 52 m., 54, 55, 56, 57, 58, 59, 60; Afrikastudio/fotolia.com: S. 3 o.r.; Eric Isseleé/fotolia.com: S. 8/9, 11 u., o., 12 m.; pimmimemom/fotolia.com: S. 9 u.; hemlep/fotolia.com: S. 10; oxie99/fotolia.com: S. 19 o.; picture-factory/fotolia.com: S. 24 m. r., u.r.; Pavlo Burdyak/fotolia.com: S. 24 o.r.; stebidus/fotolia.com: S. 22 m.l.; schlegelfotos/fotolia.com: S. 22 u.l.; cynoclub/fotolia.com: S. 30 o.r.; Christian Schwier/fotolia.com: S. 30 u.r.; Guy Bryant/fotolia.com: S. 36; Osterland/fotolia.com: S. 38; Vector Tradition SM/fotolia.com: S. 40
Illustrationen: Brosko/fotolia.com: S. 3 (Apfeldruck); chelovector/fotolia.com: S. 3, 60 (Apfel); Julia Walther, Stuttgart: S. 35, 53; Esther von Hacht: S. 13; larisa_zorina/fotolia.com: S. 36; beugdesign/fotolia: S. 28; Steffen Walentowitz: S. 26, 27 (Löwenzahn, Gänseblümchen)

Umschlaggestaltung von Andrea Köhrsen, Kiel, unter Verwendung einer Fotografie von Christiane Slawik, Würzburg

Haftungsausschluss: Alle Angaben in diesem Buch erfolgen nach bestem Wissen und Gewissen. Sorgfalt bei der Umsetzung ist indes dennoch geboten. Der Verlag und die Autorin übernehmen keinerlei Haftung für Personen-, Sach-, oder Vermögensschäden, die aus der Anwendung der vorgestellten Materialien und Methoden entstehen können.

Waschanleitung: Hufkratzer und Striegel säuberst du am besten unter fließendem Wasser, bevor du sie wieder in dem Beutel verstaust. Den Stoffbeutel (100% unbehandelte Baumwolle) wäschst du mit der Hand in lauwarmem Wasser.

Unser gesamtes lieferbares Programm und viele weitere Informationen zu unseren Büchern, Spielen, Experimentierkästen, DVDs, Autoren und Aktivitäten findest du unter **kosmos.de**

ISBN 978-3-440-16033-6
Redaktion: Teresa Baethmann
Layout und Satz: Andrea Köhrsen, Kiel
Produktion: Verena Schmynec
Druck und Bindung: Leo Paper
Printed in China / Imprimé en Chine

MIX
Papier aus verantwortungsvollen Quellen
FSC® C020056

Danke!

Wir möchten uns ganz herzlich bei unseren wunderbaren Reitkindern bedanken: Eva, Greta, Paulina, Janika, Tine und Marie – das habt ihr ganz toll gemacht! Und natürlich auch ein dickes Dankeschön an unsere lieben Pferde Tudel, Mogli, Staccato, Maischa, Guildo und Valli sowie an die süßen Pferde von Sandra: Schneewittchen und Sina!